화엄경 제67권 (입법계품 39-8) 해설

제67권에는 변행외도의 진실행이 나온다.

그때 선재동자가 부동우바이의 무념삼매를 깊이 간직하고 성 동쪽 선득산에 이르니 숲 속에 변행외도가 앉아 있었다.

그는 갖가지 방편과 형상을 나타내어 주위 온갖 종류의 중생들을 교화하고 있었으며 한 물건도 버리지 않는 보살행을 실천하고 있으면서 말하였다.

"나는 96종 외도들을 구원하기 위하여 갖가지 생상과 방편으로 중생을 교화하고 있을 뿐 보살의 온갖 공덕행을 알고 있지 못하니 저 광대국 죽향장자(우팔라화)를 찾아가 보라."

하고 길을 안내해 주었다.

선재는 그 말을 듣고 선지식을 뵙는 데는 신명(身命)과 재산을 아끼고 욕락을 탐착해서는 아니 된다는 굳은 신념을 가지고 저 광대국을 향하야 나아갔다.

入(입)法(법)界(계)品(품)

第(제)三(삼)十(십)九(구)之(지)八(팔)

爾(이)時(시)善(선)財(재)童(동)子(자)於(어)不(부)動(동)優(우)

婆(바)夷(이)所(소)得(득)聞(문)法(법)已(이)專(전)心(심)憶(억)念(념)

所(소)有(유)教(교)誨(회)皆(개)悉(실)信(신)受(수)思(사)惟(유)觀(관)

察(찰)漸(점)漸(점)遊(유)行(행)經(경)歷(력)國(국)邑(읍)至(지)都(도)

薩(살)羅(라)城(성)於(어)日(일)沒(몰)時(시)入(입)彼(피)城(성)中(중)

塵(진)店(점)隣(린)里(리)四(사)衢(구)道(도)側(측)處(처)處(처)尋(심)

覓偏行外道城東有山名曰
멱변행외도성동유산명왈
善得善財童子於中夜時見
선득선재동자어중야시견
此山頂草樹巖巘光明照耀
차산정초수암헌광명조요
如日初出見此事已生大歡
여일초출견차사이생대환
喜作是念言我必於此見善
희작시념언아필어차견선
知識便從城出而登彼山見
지식편종성출이등피산견
此外道於其山上平坦之處
차외도어기산상평탄지처

사경의 공덕은 십만억 부처님께 공양한 것과 같은 공덕이 있습니다.

未 미	耨 녹	而 이	頂 정	梵 범	王 왕	徐 서
知 지	多 다	作 작	禮 례	衆 중	威 위	步 보
菩 보	羅 라	是 시	足 족	之 지	光 광	經 경
薩 살	三 삼	言 언	遶 요	所 소	照 조	行 행
云 운	藐 먁	聖 성	無 무	圍 위	耀 요	色 색
何 하	三 삼	者 자	量 량	遶 요	所 소	相 상
學 학	菩 보	我 아	匝 잡	往 왕	不 불	圓 원
菩 보	提 리	已 이	於 어	詣 예	能 능	滿 만
薩 살	心 심	先 선	前 전	其 기	及 급	大 대
行 행	而 이	發 발	合 합	所 소	十 십	梵 범
云 운	我 아	阿 아	掌 장	頭 두	千 천	天 천

何修菩薩道我聞聖者善能
하 수 보 살 도 아 문 성 자 선 능

教誨願爲我說徧行答言善
교 회 원 위 아 설 변 행 답 언 선

哉善哉善男子我已安住至
재 선 재 선 남 자 아 이 안 주 지

一切處菩薩行已成就普觀
일 체 처 보 살 행 이 성 취 보 관

世間三昧門已成就無依無
세 간 삼 매 문 이 성 취 무 의 무

作神通力已成就普門般若
작 신 통 력 이 성 취 보 문 반 야

波羅蜜善男子我普於世間
바 라 밀 선 남 자 아 보 어 세 간

信 신	人 인	伽 가	脩 수	天 천	解 해	種 종
二 이	等 등	地 지	羅 라	趣 취	種 종	種 종
乘 승	一 일	獄 옥	迦 가	龍 용	種 종	方 방
或 혹	切 체	畜 축	樓 루	趣 취	歿 몰	所 소
復 부	諸 제	生 생	羅 라	夜 야	生 생	種 종
信 신	趣 취	閻 염	緊 긴	叉 차	一 일	種 종
樂 락	或 혹	羅 라	那 나	趣 취	切 체	形 형
大 대	住 주	王 왕	羅 라	乾 건	諸 제	貌 모
乘 승	諸 제	界 계	摩 마	闥 달	趣 취	種 종
之 지	見 견	人 인	睺 후	婆 바	所 소	種 종
道 도	或 혹	非 비	羅 라	阿 아	謂 위	行 행

如是一切諸衆生中我以種
여시일체제중생중아이종

種方便種種智門而爲利益
종방편종종지문이위이익

所謂或爲演說一切世間種
소위혹위연설일체세간종

種技藝令得具足一切巧術
종기예령득구족일체교술

陀羅尼智或爲演說四攝方
다라니지혹위연설사섭방

便令得具足一切智道或爲
편령득구족일체지도혹위

演說諸波羅蜜令其迴向一
연설제바라밀령기회향일

切智位或爲稱讚大菩提心 (체지위혹위칭찬대보리심)
令其不失無上道意或爲稱 (령기불실무상도의혹위칭)
讚諸菩薩行令其滿足淨佛 (찬제보살행령기만족정불)
國土度衆生願或爲演說造 (국토도중생원혹위연설조)
諸惡行受地獄等種種苦報 (제악행수지옥등종종고보)
令於惡業深生厭離或爲演 (령어악업심생염리혹위연)
說供養諸佛種諸善根決定 (설공양제불종제선근결정)

獲得一切智果令其發起歡
획득일체지과령기발기환

喜之心或爲讚說一切如來
희지심혹위찬설일체여래

應正等覺所有功德令樂佛
응정등각소유공덕령악불

身求一切智或爲讚說諸佛
신구일체지혹위찬설제불

威德令其願樂佛不壞身或
위덕령기원락불불괴신혹

爲讚說佛自在身令求如來
위찬설불자재신령구여래

無能映蔽大威德體又善男
무능영폐대위덕체우선남

子자 此차 都도 薩살 羅라 城성 中중 一일 切체 方방 所소
一일 切체 族족 類류 若약 男남 若약 女녀 諸제 人인 衆중
中중 我아 皆개 以이 方방 便편 示시 同동 其기 形형 隨수
其기 所소 應응 而이 爲위 說설 法법 諸제 衆중 生생 等등
悉실 不불 能능 知지 我아 何하 人인 從종 何하 而이
至지 唯유 令령 聞문 者자 如여 實실 修수 行행 善선 男남
子자 如여 於어 此차 城성 利이 益익 衆중 生생 於어 閻염

復 부	諸 제	中 중	各 각	善 선	止 지	浮 부
如 여	見 견	方 방	起 기	男 남	之 지	提 제
是 시	如 여	便 편	異 이	子 자	處 처	城 성
如 여	閻 염	調 조	見 견	閻 염	悉 실	邑 읍
四 사	浮 부	伏 복	而 이	浮 부	亦 역	聚 취
天 천	提 제	令 령	生 생	提 제	如 여	落 락
下 하	餘 여	其 기	執 집	内 내	是 시	所 소
三 삼	四 사	捨 사	着 착	九 구	而 이	有 유
千 천	天 천	離 리	我 아	十 십	爲 위	人 인
大 대	下 하	所 소	悉 실	六 육	利 이	衆 중
天 천	亦 역	有 유	於 어	衆 중	益 익	住 주

世(세)界(계)亦(역)復(부)如(여)是(시)如(여)三(삼)千(천)大(대)天(천)
世(세)界(계)如(여)是(시)十(십)方(방)無(무)量(량)世(세)界(계)諸(제)
衆(중)生(생)海(해)我(아)悉(실)於(어)中(중)隨(수)諸(제)衆(중)生(생)
心(심)之(지)所(소)樂(락)以(이)種(종)種(종)方(방)便(편)種(종)種(종)
法(법)門(문)現(현)種(종)種(종)色(색)身(신)以(이)種(종)種(종)言(언)
音(음)而(이)爲(위)說(설)法(법)令(령)得(득)利(이)益(익)善(선)男(남)
子(자)我(아)唯(유)知(지)此(차)至(지)一(일)切(체)處(처)菩(보)薩(살)

行如諸菩薩摩訶薩身與一
행여제보살마하살신여일

切衆生數等得與衆生無差
체중생수등득여중생무차

別身以變化身普入諸趣於
별신이변화신보입제취어

一切處皆現受生普現一切
일체처개현수생보현일체

衆生之前淸淨光明徧照世
중생지전청정광명변조세

間以無礙願住一切劫得如
간이무애원주일체겁득여

帝網諸無等行常勤利益一
제망제무등행상근이익일

切(체) 衆(중) 生(생) 恒(항) 與(여) 共(공) 居(거) 而(이) 無(무) 所(소) 着(착)

普(보) 於(어) 三(삼) 世(세) 悉(실) 皆(개) 平(평) 等(등) 以(이) 無(무) 我(아)

智(지) 周(주) 徧(변) 照(조) 耀(요) 以(이) 大(대) 悲(비) 藏(장) 一(일) 切(체)

觀(관) 察(찰) 而(이) 我(아) 云(운) 何(하) 能(능) 知(지) 能(능) 說(설) 彼(피)

功(공) 德(덕) 行(행) 善(선) 男(남) 子(자) 於(어) 此(차) 南(남) 方(방) 有(유)

一(일) 國(국) 土(토) 名(명) 爲(위) 廣(광) 大(대) 有(유) 鬻(륙) 香(향) 長(장)

者(자) 名(명) 優(우) 鉢(발) 羅(라) 華(화) 汝(여) 詣(예) 彼(피) 問(문) 菩(보)

重 중	人 인	教 교		量 량	時 시	薩 살
王 왕	衆 중	不 불	爾 이	匝 잡	善 선	云 운
位 위	不 불	顧 고	時 시	殷 은	財 재	何 하
唯 유	耽 탐	身 신	善 선	勤 근	童 동	學 학
願 원	五 오	命 명	財 재	瞻 첨	子 자	菩 보
化 화	欲 욕	不 불	童 동	仰 앙	頂 정	薩 살
度 도	不 불	着 착	子 자	辭 사	禮 례	行 행
一 일	戀 연	財 재	因 인	退 퇴	其 기	修 수
切 체	眷 권	寶 보	善 선	而 이	足 족	菩 보
衆 중	屬 속	不 불	知 지	去 거	遶 요	薩 살
生 생	不 부	樂 락	識 식		無 무	道 도

唯願嚴淨諸佛國土唯願供
유원엄정제불국토유원공

養一切諸佛唯願證知諸法
양일체제불유원증지제법

實性唯願修集一切菩薩大
실성유원수집일체보살대

功德海唯願修行一切功德
공덕해유원수행일체공덕

終無退轉唯願恒於一切劫
종무퇴전유원항어일체겁

中以大願力修菩薩行唯願
중이대원력수보살행유원

普入一切諸佛衆會道場唯
보입일체제불중회도량유

사경의 공덕은 십만억 부처님께 공양한 것과 같은 공덕이 있습니다.

願入一三昧門普現一切三
원입일삼매문보현일체삼

昧門自在神力唯願於佛一
매문자재신력유원어불일

毛孔中見一切佛心無厭足
모공중견일체불심무염족

唯願得一切法智慧光明能
유원득일체법지혜광명능

持一切諸佛法藏專求此等
지일체제불법장전구차등

一切諸佛菩薩功德漸次遊
일체제불보살공덕점차유

行至廣大國詣長者所頂禮
행지광대국예장자소정례

一 일	欲 욕	大 대	平 평	三 삼	言 언	其 기
切 체	見 견	願 원	等 등	藐 약	聖 성	足 족
佛 불	一 일	欲 욕	智 지	三 삼	者 자	遶 요
廣 광	切 체	淨 정	慧 혜	菩 보	我 아	無 무
大 대	佛 불	一 일	欲 욕	提 리	已 이	量 량
智 지	淸 청	切 체	滿 만	心 심	先 선	匝 잡
身 신	淨 정	佛 불	一 일	欲 욕	發 발	合 합
欲 욕	法 법	最 최	切 체	求 구	阿 아	掌 장
淨 정	身 신	上 상	佛 불	一 일	耨 누	而 이
治 치	欲 욕	色 색	無 무	切 체	多 다	立 립
一 일	知 지	身 신	量 량	佛 불	羅 라	白 백

長 장	菩 보	菩 보	遊 유	持 지	薩 살	切 체
者 자	薩 살	薩 살	行 행	欲 욕	三 삼	菩 보
告 고	道 도	云 운	一 일	除 제	昧 매	薩 살
言 언	而 이	何 하	切 체	滅 멸	欲 욕	諸 제
善 선	能 능	學 학	十 시	一 일	安 안	行 행
哉 재	出 출	菩 보	方 방	切 체	住 주	欲 욕
善 선	生 생	薩 살	世 세	所 소	一 일	照 조
哉 재	一 일	行 행	界 계	有 유	切 체	明 명
善 선	切 체	云 운	而 이	障 장	菩 보	一 일
男 남	智 지	何 하	未 미	礙 애	薩 살	切 체
子 자	智 지	修 수	知 지	欲 욕	總 총	菩 보

사경의 공덕은 십만억 부처님께 공양한 것과 같은 공덕이 있습니다.

天 천	切 체	塗 도	所 소	切 체	菩 보	汝 여
香 향	香 향	香 향	謂 위	諸 제	提 리	乃 내
龍 용	王 왕	一 일	一 일	香 향	心 심	能 능
香 향	所 소	切 체	切 체	亦 역	善 선	發 발
夜 야	出 출	末 말	香 향	知 지	男 남	阿 아
叉 차	之 지	香 향	一 일	調 조	子 자	耨 뇩
香 향	處 처	亦 역	切 체	合 합	我 아	多 다
乾 건	又 우	知 지	燒 소	一 일	善 선	羅 라
闥 달	善 선	如 여	香 향	切 체	別 별	三 삼
婆 파	了 요	是 시	一 일	香 향	知 지	藐 먁
阿 아	知 지	一 일	切 체	法 법	一 일	三 삼

脩羅迦樓羅緊那羅摩睺羅
수라가루라긴나라마후라

伽人非人等所有諸香又善
가인비인등소유제향우선

別知治諸病香斷諸惡香生
별지치제병향단제악향생

歡喜香增煩惱香滅煩惱香
환희향증번뇌향멸번뇌향

令於有爲生樂着香令於有
령어유위생락착향령어유

爲生厭離香捨諸憍逸香發
위생염리향사제교일향발

心念佛證解法門香聖所
심념불증해법문향성소

鬪 투	子 자	本 본	方 방	相 상	切 체	受 수
生 생	人 인	如 여	便 편	生 생	菩 보	用 용
若 약	間 간	是 시	境 경	起 기	薩 살	香 향
燒 소	有 유	一 일	界 계	出 출	地 지	一 일
一 일	香 향	切 체	威 위	現 현	位 위	切 체
丸 환	名 명	我 아	德 덕	成 성	香 향	菩 보
卽 즉	曰 왈	皆 개	業 업	就 취	如 여	薩 살
起 기	象 상	了 요	用 용	淸 청	是 시	差 차
大 대	藏 장	達 달	及 급	淨 정	等 등	別 별
香 향	因 인	善 선	以 이	安 안	香 향	香 향
雲 운	龍 용	男 남	根 근	隱 은	形 형	一 일

彌覆王都於七日中雨細香
미부왕도어칠일중우세향

雨若着身者身則金色若着
우약착신자신즉금색약착

衣服宮殿樓閣亦皆金色若
의복궁전누각역개금색약

因風吹入宮殿中衆生嗅者
인풍취입궁전중중생후자

七日七夜歡喜充滿身心快
칠일칠야환희충만신심쾌

樂無有諸病不相侵害離諸
락무유제병불상침해이제

憂苦不驚不怖不亂不恚慈
우고불경불포불란불에자

能 능	能 능	頭 두	摩 마	多 다	而 이	心 심
勝 승	燒 소	若 약	羅 라	羅 라	爲 위	相 상
若 약	善 선	以 이	耶 야	三 삼	說 설	向 향
以 이	男 남	塗 도	山 산	貌 먁	法 법	志 지
塗 도	子 자	身 신	出 출	三 삼	令 령	意 의
鼓 고	海 해	設 설	栴 전	菩 보	其 기	淸 청
及 급	中 중	入 입	檀 단	提 리	決 결	淨 정
諸 제	有 유	火 화	香 향	心 심	定 정	我 아
螺 라	香 향	坑 갱	名 명	善 선	發 발	知 지
貝 패	名 명	火 화	曰 왈	男 남	阿 아	是 시
其 기	無 무	不 불	牛 우	子 자	耨 뇩	己 이

聲發時一切敵軍皆自退散
성발시일체적군개자퇴산

善男子阿那婆達多池邊出
선남자아나바달다지변출

沈水香名蓮華藏其香一丸
침수향명연화장기향일환

如麻子大若以燒之香氣普
여마자대약이소지향기보

熏閻浮提界衆生聞者離一
훈염부제계중생문자리일

切罪戒品清淨善男子雪山
체죄계품청정선남자설산

有香名阿盧那若有衆生嗅
유향명아로나약유중생후

此香者其心決定離諸染着
차향자기심결정이제염착

我爲說法莫不皆得離垢三
아위설법막불개득이구삼

昧善男子羅刹界中有香名
매선남자라찰계중유향명

海藏其香但爲轉輪王用若
해장기향단위전륜왕용약

燒一丸而以熏之王及四軍
소일환이이훈지왕급사군

皆騰虛空善男子善法天中
개등허공선남자선법천중

有香名淨莊嚴若燒一丸而
유향명정장엄약소일환이

사경의 공덕은 십만억 부처님께 공양한 것과 같은 공덕이 있습니다.

以熏之普使諸天心念於佛 (이훈지보사제천심념어불)
善男子須夜摩天有香名淨 (선남자수야마천유향명정)
藏若燒一丸而以熏之夜摩 (장약소일환이이훈지야마)
天衆莫不雲集彼天王所而 (천중막불운집피천왕소이)
共聽法善男子兜率天中有 (공청법선남자도솔천중유)
香名善陀婆於一生所繫菩 (향명선다바어일생소계보)
薩座前燒其一丸興大香雲 (살좌전소기일환흥대향운)

徧覆法界普雨一切諸供養
변부법계보우일체제공양

具供養一切諸佛菩薩善男
구공양일체제불보살선남

子普變化天有香名曰奪意
자보변화천유향명왈탈의

若燒一丸於七日中普雨一
약소일환어칠일중보우일

切諸莊嚴具善男子我唯知
체제장엄구선남자아유지

此調和香法如諸菩薩摩訶
차조화향법여제보살마하

薩遠離一切諸惡習氣不染
살원리일체제악습기불염

世(세)欲(욕)永(영)斷(단)煩(번)惱(뇌)衆(중)魔(마)羂(견)索(색)超(초)

諸(제)有(유)趣(취)以(이)智(지)慧(혜)香(향)而(이)自(자)莊(장)嚴(엄)

於(어)諸(제)世(세)間(간)皆(개)無(무)染(염)着(착)具(구)足(족)成(성)

就(취)無(무)所(소)着(착)戒(계)淨(정)無(무)着(착)智(지)行(행)無(무)

着(착)境(경)於(어)一(일)切(체)處(처)悉(실)無(무)有(유)着(착)其(기)

心(심)平(평)等(등)無(무)着(착)無(무)依(의)而(이)我(아)何(하)能(능)

知(지)其(기)妙(묘)行(행)說(설)其(기)功(공)德(덕)顯(현)其(기)所(소)

有清淨戒門示其所作無過
유 청 정 계 문 시 기 소 작 무 과

失業辯其離染身語意行善
실 업 변 기 이 염 신 어 의 행 선

男子於此南方有一大城名
남 자 어 차 남 방 유 일 대 성 명

曰樓閣中有船師名婆施羅
왈 누 각 중 유 선 사 명 파 시 라

汝詣彼問菩薩云何學菩薩
여 예 피 문 보 살 운 하 학 보 살

行修菩薩道時善財童子頂
행 수 보 살 도 시 선 재 동 자 정

禮其足遶無量匝慇勤瞻仰
례 기 족 요 무 량 잡 은 근 첨 앙

辭退而去
사퇴이거

爾時善財童子向樓閣城
이시선재동자향누각성

觀察道路所謂觀道高卑觀
관찰도로소위관도고비관

道夷險觀道淨穢觀道曲直
도이험관도정예관도곡직

漸次遊行作是思惟我當親
점차유행작시사유아당친

近彼善知識善知識者是成
근피선지식선지식자시성

就修行諸菩薩道因是成就
취수행제보살도인시성취

사경의 공덕은 십만억 부처님께 공양한 것과 같은 공덕이 있습니다.

修(수)行(행)波(바)羅(라)蜜(밀)道(도)因(인)是(시)成(성)就(취)修(수)

行(행)攝(섭)衆(중)生(생)道(도)因(인)是(시)成(성)就(취)修(수)行(행)

普(보)入(입)法(법)界(계)無(무)障(장)礙(애)道(도)因(인)是(시)成(성)

就(취)修(수)行(행)令(령)一(일)切(체)衆(중)生(생)除(제)惡(악)慧(혜)

道(도)因(인)是(시)成(성)就(취)修(수)行(행)令(령)一(일)切(체)衆(중)

生(생)離(이)憍(교)慢(만)道(도)因(인)是(시)成(성)就(취)修(수)行(행)

令(령)一(일)切(체)衆(중)生(생)滅(멸)煩(번)惱(뇌)道(도)因(인)是(시)

成就修行令一切衆生捨諸
성취수행령일체중생사제

見道因是成就修行令一切
견도인시성취수행령일체

衆生拔一切惡刺道因是成
중생발일체악자도인시성

就修行令一切衆生至一切
취수행령일체중생지일체

智城道因何以故於善知識
지성도인하이고어선지식

處得一切善法故依善知識
처득일체선법고의선지식

力得一切智道故善知識者
력득일체지도고선지식자

量 량	已 이	方 방	餘 여	門 문	行 행	難 난
匝 잡	往 왕	便 편	無 무	外 외	旣 기	見 견
於 어	詣 예	開 개	量 량	海 해	至 지	難 난
前 전	其 기	示 시	大 대	岸 안	彼 피	遇 우
合 합	所 소	佛 불	衆 중	上 상	城 성	如 여
掌 장	頂 정	功 공	圍 위	住 주	見 견	是 시
而 이	禮 례	德 덕	遶 요	百 백	其 기	思 사
作 작	其 기	海 해	說 설	千 천	船 선	惟 유
是 시	足 족	善 선	大 대	商 상	師 사	漸 점
言 언	遶 요	財 재	海 해	人 인	在 재	次 차
聖 성	無 무	見 견	法 법	及 급	城 성	遊 유

菩 보	汝 여	船 선	聞 문	學 학	三 삼	者 자
提 리	已 이	師 사	聖 성	菩 보	菩 보	我 아
心 심	能 능	告 고	者 자	薩 살	提 리	已 이
今 금	發 발	言 언	善 선	行 행	心 심	先 선
復 부	阿 아	善 선	能 능	云 운	而 이	發 발
能 능	耨 뇩	哉 재	教 교	何 하	未 미	阿 아
問 문	多 다	善 선	誨 회	修 수	知 지	耨 뇩
生 생	羅 라	哉 재	願 원	菩 보	菩 보	多 다
大 대	三 삼	善 선	爲 위	薩 살	薩 살	羅 라
智 지	藐 먁	男 남	我 아	道 도	云 운	三 삼
因 인	三 삼	子 자	說 설	我 아	何 하	藐 먁

斷除一切生死苦因往一切
단제일체생사고인왕일체

智大寶洲因成就不壞摩訶
지대보주인성취불괴마하

衍因遠離二乘怖畏生死住
연인원리이승포외생사주

除寂靜三昧旋因乘大願車
제적정삼매선인승대원거

徧一切處行菩薩行無有障
변일체처행보살행무유장

礙清淨道因以菩薩行莊嚴
애청정도인이보살행장엄

一切無能壞智清淨道因普
일체무능괴지청정도인보

觀(관)一(일)切(체)十(십)方(방)諸(제)法(법)皆(개)無(무)障(장)礙(애)
淸(청)淨(정)道(도)因(인)速(속)能(능)趣(취)入(입)一(일)切(체)智(지)
海(해)淸(청)淨(정)道(도)因(인)善(선)男(남)子(자)我(아)在(재)此(차)
城(성)海(해)岸(안)路(로)中(중)淨(정)修(수)菩(보)薩(살)大(대)悲(비)
幢(당)行(행)善(선)男(남)子(자)我(아)觀(관)閻(염)浮(부)提(제)內(내)
貧(빈)窮(궁)衆(중)生(생)爲(위)饒(요)益(익)故(고)修(수)諸(제)苦(고)
行(행)隨(수)其(기)所(소)願(원)悉(실)令(령)滿(만)足(족)先(선)以(이)

사경의 공덕은 십만억 부처님께 공양한 것과 같은 공덕이 있습니다.

切 체	行 행	能 능	淨 정	令 령	其 기	世 세
功 공	令 령	滅 멸	菩 보	增 증	歡 환	物 물
德 덕	攝 섭	生 생	提 리	善 선	喜 희	充 충
海 해	一 일	死 사	願 원	根 근	令 령	滿 만
令 령	切 체	道 도	令 령	力 력	修 수	其 기
照 조	衆 중	令 령	堅 견	令 령	福 복	意 의
一 일	生 생	生 생	大 대	起 기	行 행	復 부
切 체	海 해	不 불	悲 비	菩 보	令 령	施 시
諸 제	令 령	厭 염	力 력	提 리	生 생	法 법
法 법	修 수	生 생	令 령	心 심	智 지	財 재
海 해	一 일	死 사	修 수	令 령	道 도	令 령

鑽 찬	類 류	一 일	一 일	是 시	智 지	令 령
一 일	一 일	切 체	切 체	思 사	智 지	見 견
切 체	切 체	寶 보	衆 중	惟 유	海 해	一 일
寶 보	寶 보	洲 주	生 생	如 여	善 선	切 체
出 출	種 종	一 일	善 선	是 시	男 남	諸 제
一 일	我 아	切 체	男 남	作 작	子 자	佛 불
切 체	知 지	寶 보	子 자	意 의	我 아	海 해
寶 보	淨 정	處 처	我 아	如 여	住 주	令 령
作 작	一 일	一 일	知 지	是 시	於 어	入 입
一 일	切 체	切 체	海 해	利 이	此 차	一 일
切 체	寶 보	寶 보	中 중	益 익	如 여	切 체

不 부	深 심	免 면	處 처	知 지	一 일	寶 보
同 동	波 파	其 기	一 일	一 일	切 체	我 아
亦 역	濤 도	諸 제	切 체	切 체	寶 보	知 지
善 선	遠 원	難 난	部 부	龍 용	境 경	一 일
別 별	近 근	亦 역	多 다	宮 궁	界 계	切 체
知 지	水 수	善 선	宮 궁	處 처	一 일	寶 보
日 일	色 색	別 별	處 처	一 일	切 체	器 기
月 월	好 호	知 지	皆 개	切 체	寶 보	一 일
星 성	惡 오	漩 선	善 선	夜 야	光 광	切 체
宿 수	種 종	澓 복	迴 회	叉 차	明 명	寶 보
運 운	種 종	淺 천	避 피	宮 궁	我 아	用 용

行度數晝夜晨晡晷漏延促
행도수주야신포귀루연촉

亦知其船鐵木堅脆機關澁
역지기선철목견취기관삽

滑水之大小風之逆順如是
활수지대소풍지역순여시

一切安危之相無不明了可
일체안위지상무불명료가

行則行可止則止善男子我
행칙행가지칙지선남자아

以成就如是智慧常能利益
이성취여시지혜상능이익

一切衆生善男子我以好船
일체중생선남자아이호선

運諸商衆行安隱道復爲說
운제상중행안은도부위설

法令其歡喜引至寶洲與諸
법령기환희인지보주여제

珍寶咸使充足然後將領還
진보함사충족연후장령환

閻浮提善男子我將大船如
염부제선남자아장대선여

是往來未始令其一有損壞
시왕래미시령기일유손괴

若有衆生得見我身聞我法
약유중생득견아신문아법

者令其永不怖生死海必得
자령기영불포생사해필득

入於一切智海必能消竭諸
입어일체지해필능소갈제

愛欲海能以智光照三世海
애욕해능이지광조삼세해

能盡一切衆生苦海能淨一
능진일체중생고해능정일

切衆生心海速能嚴淨一切
체중생심해속능엄정일체

刹海普能往詣十方大海普
찰해보능왕예십방대해보

知一切衆生根海普了一切
지일체중생근해보료일체

衆生行海普順一切衆生心
중생행해보순일체중생심

海善男子我唯得此大悲幢
해선남자아유득차대비당

行若有見我及以聞我與我
행약유견아급이문아여아

同住憶念我者皆悉不空如
동주억념아자개실불공여

諸菩薩摩訶薩善能有涉生
제보살마하살선능유섭생

死大海不染一切諸煩惱海
사대해불염일체제번뇌해

能捨一切諸妄見海能觀一
능사일체제망견해능관일

切諸法性海能以四攝攝衆
체제법성해능이사섭섭중

中 중	男 남	云 운	海 해	一 일	滅 멸	生 생
有 유	子 자	何 하	能 능	切 체	一 일	海 해
長 장	於 어	能 능	以 이	時 시	切 체	已 이
者 자	此 차	知 지	其 기	海 해	衆 중	善 선
名 명	南 남	能 능	時 시	能 능	生 생	安 안
無 무	方 방	說 설	調 조	以 이	着 착	住 주
上 상	有 유	彼 피	衆 중	神 신	海 해	一 일
勝 승	城 성	功 공	生 생	通 통	能 능	切 체
汝 여	名 명	德 덕	海 해	度 도	平 평	智 지
詣 예	可 가	行 행	而 이	衆 중	等 등	海 해
彼 피	樂 락	善 선	我 아	生 생	住 주	能 능

問(문)菩(보)薩(살)云(운)何(하)學(학)菩(보)薩(살)行(행)修(수)菩(보)
薩(살)道(도)時(시)善(선)財(재)童(동)子(자)頂(정)禮(례)其(기)足(족)
遶(요)無(무)量(량)匝(잡)殷(은)勤(근)瞻(첨)仰(앙)悲(비)泣(읍)流(유)
淚(루)求(구)善(선)知(지)識(식)心(심)無(무)厭(염)足(족)辭(사)退(퇴)
而(이)去(거)
爾(이)時(시)善(선)財(재)童(동)子(자)起(기)大(대)慈(자)周(주)
徧(변)心(심)大(대)悲(비)潤(윤)澤(택)心(심)相(상)續(속)不(부)斷(단)

福(복)德(덕)智(지)慧(혜)二(이)種(종)莊(장)嚴(엄)捨(사)離(리)一(일)

切(체)煩(번)惱(뇌)塵(진)垢(구)證(증)法(법)平(평)等(등)心(심)無(무)

高(고)下(하)拔(발)不(불)善(선)刺(자)滅(멸)一(일)切(체)障(장)堅(견)

固(고)精(정)進(진)以(이)爲(위)牆(장)塹(참)甚(심)深(심)三(삼)昧(매)

而(이)作(작)園(원)苑(원)以(이)慧(혜)日(일)光(광)破(파)無(무)明(명)

暗(암)以(이)方(방)便(편)風(풍)開(개)智(지)慧(혜)華(화)以(이)無(무)

礙(애)願(원)充(충)滿(만)法(법)界(계)心(심)常(상)現(현)入(입)一(일)

慢 만	因 인	所 소	林 림	勝 승	漸 점	切 체
離 이	爲 위	圍 위	中 중	在 재	次 차	智 지
我 아	說 설	遶 요	無 무	其 기	經 경	城 성
我 아	法 법	理 이	量 량	城 성	歷 력	如 여
所 소	令 령	斷 단	商 상	東 동	到 도	是 시
捨 사	其 기	人 인	人 인	大 대	彼 피	而 이
所 소	永 영	間 간	百 백	莊 장	城 성	求 구
積 적	拔 발	種 종	千 천	嚴 엄	內 내	菩 보
聚 취	一 일	種 종	居 거	幢 당	見 견	薩 살
滅 멸	切 체	事 사	士 사	無 무	無 무	之 지
慳 간	我 아	務 무	之 지	憂 우	上 상	道 도

嫉垢心得淸淨無諸穢濁獲
질구심득청정무제예탁획

淨信力常樂見佛受持佛法
정신력상락견불수지불법

生菩薩力起菩薩行入菩薩
생보살력기보살행입보살

三昧得菩薩智慧住菩薩正
삼매득보살지혜주보살정

念增菩薩樂欲
념증보살락욕

爾時善財童子觀彼長者
이시선재동자관피장자

爲衆說法已以身投地頂禮
위중설법이이신투지정례

其(기)足(족)良(양)久(구)乃(내)起(기)白(백)言(언)聖(성)者(자)我(아)

是(시)善(선)財(재)我(아)是(시)善(선)財(재)我(아)專(전)尋(심)求(구)

菩(보)薩(살)之(지)行(행)菩(보)薩(살)云(운)何(하)學(학)菩(보)薩(살)

行(행)菩(보)薩(살)云(운)何(하)修(수)菩(보)薩(살)道(도)隨(수)修(수)

學(학)時(시)常(상)能(능)化(화)度(도)一(일)切(체)衆(중)生(생)常(상)

能(능)現(현)見(견)一(일)切(체)諸(제)佛(불)常(상)得(득)聽(청)聞(문)

一(일)切(체)佛(불)法(법)常(상)能(능)住(주)持(지)一(일)切(체)佛(불)

能 능	財 재	切 체	能 능	菩 보	切 체	法 법
發 발	言 언	如 여	受 수	薩 살	刹 찰	常 상
阿 아	善 선	來 래	一 일	道 도	學 학	能 능
耨 뇩	哉 재	智 지	切 체	能 능	菩 보	趣 취
多 다	善 선	慧 혜	如 여	知 지	薩 살	入 입
羅 라	哉 재	時 시	來 래	一 일	行 행	一 일
三 삼	善 선	彼 피	護 호	切 체	住 주	切 체
藐 먁	男 남	長 장	念 념	如 여	一 일	法 법
三 삼	子 자	者 자	能 능	來 래	切 체	門 문
菩 보	汝 여	告 고	得 득	神 신	劫 겁	入 입
提 리	已 이	善 선	一 일	力 력	修 수	一 일

사경의 공덕은 십만억 부처님께 공양한 것과 같은 공덕이 있습니다.

心善男子我成就至一切處
심선남자아성취지일체처

菩薩行門無依無作神通之
보살행문무의무작신통지

力善男子云何爲至一切處
력선남자운하위지일체처

菩薩行門善男子我於此三
보살행문선남자아어차삼

千大天世界欲界一切諸衆
천대천세계욕계일체제중

生中所謂一切三十三天一
생중소위일체삼십삼천일

切須夜摩天一切兜率陀天
체수야마천일체도솔타천

一切善變化天一切他化自
在天一切魔天及如一切天
龍夜叉羅刹婆鳩槃荼乾闥
婆阿脩羅迦樓羅緊那羅摩
睺羅伽人與非人村營城邑
一切住處諸衆生中而爲說
法令捨非法令息諍論令除

鬪戰令止忿競令破寃結令
투전령지분경령파원결령

解繫縛令出牢獄令免怖畏
해계박령출로옥령면포외

令斷殺生乃至邪見一切惡
령단살생내지사견일체악

業不可作事皆令禁止令其
업불가작사개령금지령기

順行一切善法令其修學一
순행일체선법령기수학일

切技藝於諸世間而作利益
체기예어제세간이작리익

爲其分別種種諸論令生歡
위기분별종종제론령생환

界 계	千 천	世 세	說 설	至 지	勝 승	喜 희
中 중	億 억	界 계	起 기	色 색	智 지	令 령
我 아	那 나	乃 내	勝 승	界 계	令 령	漸 점
皆 개	由 유	至 지	法 법	一 일	斷 단	成 성
爲 위	他 타	十 시	如 여	切 체	諸 제	熟 숙
說 설	佛 불	方 방	於 어	梵 범	見 견	隨 수
佛 불	刹 찰	十 십	此 차	天 천	令 령	順 순
法 법	微 미	不 불	三 삼	我 아	入 입	外 외
菩 보	塵 진	可 가	千 천	亦 역	佛 불	道 도
薩 살	數 수	說 설	大 대	爲 위	法 법	爲 위
法 법	世 세	百 백	天 천	其 기	乃 내	說 설

樂 락	世 세	閻 염	向 향	說 설	獄 옥	聲 성
說 설	間 간	羅 라	畜 축	畜 축	衆 중	聞 문
向 향	道 도	王 왕	生 생	生 생	生 생	法 법
天 천	說 설	世 세	道 도	差 차	說 설	獨 독
世 세	天 천	間 간	說 설	別 별	向 향	覺 각
間 간	世 세	苦 고	閻 염	說 설	地 지	法 법
道 도	間 간	說 설	羅 라	畜 축	獄 옥	說 설
說 설	說 설	向 향	王 왕	生 생	道 도	地 지
人 인	天 천	閻 염	世 세	受 수	說 설	獄 옥
世 세	世 세	羅 라	間 간	苦 고	畜 축	說 설
間 간	間 간	王 왕	說 설	說 설	生 생	地 지

說人世間苦樂說向人世間 (설인세간고락설향인세간)
道爲欲開顯菩薩功德爲令 (도위욕개현보살공덕위령)
捨離生死過患爲令知見一 (사리생사과환위령지견일)
切智人諸妙功德爲欲令知 (체지인제묘공덕위욕령지)
諸有趣中迷惑受苦爲令知 (제유취중미혹수고위령지)
見無障礙法爲欲顯示一切 (견무장애법위욕현시일체)
世間生起所因爲欲顯示一 (세간생기소인위욕현시일)

切世間寂滅爲樂爲令衆生
체세간적멸위락위령중생

捨諸想着爲令證得佛無依
사제상착위령증득불무의

法爲令永滅諸煩惱輪爲令
법위령영멸제번뇌륜위령

能轉如來法輪我爲衆生說
능전여래법륜아위중생설

如是法善男子我唯知此至
여시법선남자아유지차지

一切處修菩薩行淸淨法門
일체처수보살행청정법문

無依無作神通之力如諸菩
무의무작신통지력여제보

如 여	音 음	勇 용	入 입	眼 안	通 통	薩 살
來 래	其 기	健 건	諸 제	地 지	悉 실	摩 마
究 구	身 신	無 무	法 법	悉 실	能 능	訶 하
竟 경	妙 묘	比 비	智 지	聞 문	徧 변	薩 살
無 무	好 호	以 이	慧 혜	一 일	往 왕	具 구
二 이	同 동	廣 광	自 자	切 체	一 일	足 족
無 무	諸 제	長 장	在 재	音 음	切 체	一 일
有 유	菩 보	舌 설	無 무	聲 성	佛 불	切 체
差 차	薩 살	出 출	有 유	言 언	刹 찰	自 자
別 별	與 여	平 평	乘 승	說 설	得 득	在 재
智 지	諸 제	等 등	諍 쟁	普 보	普 보	神 신

身廣大普入三世境界無際
신광대보입삼세경계무제

同於虛空而我云何能知能
동어허공이아운하능지능

說彼功德行善男子於此南
설피공덕행선남자어차남

方有一國土名曰輸那其國
방유일국토명왈수나기국

有城名迦陵迦林有比丘尼
유성명가릉가림유비구니

名師子頻申汝詣彼問菩薩
명사자빈신여예피문보살

云何學菩薩行菩薩道時善
운하학보살행보살도시선

捨 사	子 자	尼 니	至 지		殷 은	財 재
施 시	此 차	有 유	彼 피	爾 이	勤 근	童 동
日 일	比 비	無 무	國 국	時 시	瞻 첨	子 자
光 광	丘 구	量 량	城 성	善 선	仰 앙	頂 정
園 원	尼 니	人 인	周 주	財 재	辭 사	禮 례
中 중	在 재	咸 함	徧 변	童 동	退 퇴	其 기
說 설	勝 승	告 고	推 추	子 자	而 이	足 족
法 법	光 광	之 지	求 구	漸 점	去 거	遶 요
利 이	王 왕	言 언	此 차	次 차		無 무
益 익	之 지	善 선	比 비	遊 유		量 량
無 무	所 소	男 남	丘 구	行 행		匝 잡

華 화	璃 리	名 명	大 대	大 대	園 원	量 량
藏 장	紺 감	爲 위	光 광	樹 수	周 주	衆 중
其 기	青 청	普 보	明 명	名 명	徧 변	生 생
形 형	光 광	覆 부	照 조	爲 위	觀 관	時 시
高 고	明 명	其 기	一 일	滿 만	察 찰	善 선
大 대	見 견	形 형	由 유	月 월	見 견	財 재
如 여	一 일	如 여	旬 순	形 형	其 기	童 동
雪 설	華 화	蓋 개	見 견	如 여	園 원	子 자
山 산	樹 수	放 방	一 일	樓 누	中 중	卽 즉
王 왕	名 명	毘 비	葉 엽	閣 각	有 유	詣 예
雨 우	曰 왈	瑠 류	樹 수	放 방	一 일	彼 피

衆妙華無有窮盡如忉利天
중묘화무유궁진여도리천

中波利質多羅樹復見有一
중파리질다라수부견유일

甘露果樹形如金山常放光
감로과수형여금산상방광

明種種衆果悉皆具足復見
명종종중과실개구족부견

有一摩尼寶樹名毘盧遮那
유일마니보수명비로자나

藏其形無比心王摩尼寶最
장기형무비심왕마니보최

在其上阿僧祇色相摩尼寶
재기상아승기색상마니보

切 체	障 장	嚴 엄	過 과	音 음	淨 정	周 주
皆 개	礙 애	恒 항	諸 제	樂 악	種 종	徧 변
以 이	園 원	出 출	天 천	樹 수	種 종	莊 장
七 칠	中 중	妙 묘	樂 악	名 명	色 색	嚴 엄
寶 보	復 부	香 향	復 부	爲 위	衣 의	復 부
莊 장	有 유	普 보	有 유	歡 환	垂 수	有 유
嚴 엄	泉 천	熏 훈	香 향	喜 희	布 포	衣 의
黑 흑	流 류	十 십	樹 수	其 기	嚴 엄	樹 수
栴 전	陂 피	方 방	名 명	音 음	飾 식	名 명
檀 단	池 지	無 무	普 보	微 미	復 부	爲 위
泥 니	一 일	所 소	莊 장	妙 묘	有 유	淸 청

凝(응)積(적)其(기)中(중)上(상)妙(묘)金(금)沙(사)彌(미)布(포)其(기)
底(저)八(팔)功(공)德(덕)水(수)具(구)足(족)盈(영)滿(만)優(우)鉢(발)
羅(라)華(화)波(파)頭(두)摩(마)華(화)拘(구)物(물)頭(두)華(화)芬(분)
陀(타)利(리)華(화)偏(변)覆(부)其(기)上(상)無(무)量(량)寶(보)樹(수)
周(주)偏(변)行(항)列(렬)諸(제)寶(보)樹(수)下(하)敷(부)師(사)子(자)
座(좌)種(종)種(종)妙(묘)寶(보)以(이)爲(위)莊(장)嚴(엄)布(포)以(이)
天(천)衣(의)熏(훈)諸(제)妙(묘)香(향)垂(수)諸(제)寶(보)繒(증)施(시)

사경의 공덕은 십만억 부처님께 공양한 것과 같은 공덕이 있습니다.

諸寶帳閻浮金網彌覆其上
제보장염부금망미부기상

寶鐸徐搖出妙音聲或有樹
보탁서요출묘음성혹유수

下敷蓮華藏師子之座或有
하부연화장사자지좌혹유

樹下敷香王摩尼藏師子之
수하부향왕마니장사자지

座或有樹下敷龍莊嚴摩尼
좌혹유수하부용장엄마니

王藏師子之座或有樹下敷
왕장사자지좌혹유수하부

寶師子聚摩尼王藏師子之
보사자취마니왕장사자지

座좌 或혹 有유 樹수 下하 敷부 毗비 盧로 遮차 那나 摩마

尼니 王왕 藏장 師사 子자 之지 座좌 或혹 有유 樹수 下하

敷부 十십 方방 毗비 盧로 遮차 那나 摩마 尼니 王왕 藏장

師사 子자 之지 座좌 其기 一일 一일 座좌 各각 有유 十십

萬만 寶보 師사 子자 座좌 周주 匝잡 圍위 遶요 一일 一일

皆개 具구 無무 量량 莊장 嚴엄 此차 大대 園원 中중 衆중

寶보 徧변 滿만 猶유 如여 大대 海해 寶보 洲주 之지 上상

帝 제	園 원	常 상	栴 전	還 환	好 호	迦 가
釋 석	無 무	雨 우	檀 단	復 부	能 능	隣 린
善 선	比 비	無 무	林 림	無 무	生 생	陀 타
法 법	香 향	盡 진	上 상	量 량	樂 락	衣 의
之 지	王 왕	猶 유	妙 묘	諸 제	觸 촉	以 이
堂 당	普 보	如 여	莊 장	鳥 조	滔 도	布 포
諸 제	熏 훈	帝 제	嚴 엄	出 출	則 즉	其 기
音 음	一 일	釋 석	種 종	和 화	沒 몰	地 지
樂 악	切 체	雜 잡	種 종	雅 아	足 족	柔 유
樹 수	猶 유	華 화	妙 묘	音 음	擧 거	軟 연
寶 보	如 여	之 지	華 화	寶 보	則 즉	妙 묘

사경의 공덕은 십만억 부처님께 공양한 것과 같은 공덕이 있습니다.

多羅樹衆寶鈴網出妙音聲 (다라수중보령망출묘음성)
如自在天善口天女所出歌 (여자재천선구천녀소출가)
音諸如意樹種種妙衣垂布 (음제여의수종종묘의수포)
莊嚴猶如大海有無量色百 (장엄유여대해유무량색백)
千樓閣衆寶莊嚴如忉利天 (천누각중보장엄여도리천)
宮善見大城寶蓋遐張如須 (궁선견대성보개하장여수)
彌峰光明普照如梵王宮 (미봉광명보조여범왕궁)

集 집	師 사	切 체	生 생	薩 살	無 무	
廣 광	子 자	世 세	起 기	業 업	量 량	爾 이
大 대	頻 빈	間 간	供 공	報 보	功 공	時 시
清 청	申 신	無 무	養 양	成 성	德 덕	善 선
淨 정	比 비	與 여	諸 제	就 취	種 종	財 재
福 복	丘 구	等 등	佛 불	出 출	種 종	童 동
德 덕	尼 니	者 자	功 공	世 세	莊 장	子 자
善 선	了 요	如 여	德 덕	善 선	嚴 엄	見 견
業 업	法 법	是 시	所 소	根 근	皆 개	此 차
之 지	如 여	皆 개	流 류	之 지	是 시	大 대
所 소	幻 환	從 종	一 일	所 소	菩 보	園 원

成就三千大天世界天龍八
성취삼천대천세계천룡팔

部無量衆生皆入此園而不
부무량중생개입차원이불

迫窄何以故此比丘尼不可
박착하이고차비구니불가

思議威神力故
사의위신력고

爾時善財見師子頻申比
이시선재견사자빈신비

丘尼徧坐一切諸寶樹下大
구니변좌일체제보수하대

師子座身相端嚴威儀寂靜
사자좌신상단엄위의적정

諸제 根근 調조 順순 如여 大대 象상 王왕 心심 無무 垢구
濁탁 如여 淸청 淨정 池지 普보 濟제 所소 求구 如여 如여
意의 寶보 不불 染염 世세 法법 猶유 如여 蓮연 華화 心심
無무 所소 畏외 如여 師사 子자 王왕 護호 持지 淨정 戒계
不불 可가 傾경 動동 如여 須수 彌미 山산 能능 令령 見견
者자 心심 得득 淸청 涼양 如여 妙묘 香향 王왕 能능 諸제
衆중 生생 除제 煩번 惱뇌 熱열 如여 雪설 山산 中중 妙묘

사경의 공덕은 십만억 부처님께 공양한 것과 같은 공덕이 있습니다.

栴檀香衆生見者諸苦消滅
전단향중생견자제고소멸

如善見藥王見者不空如婆
여선견약왕견자불공여바

樓那天能長一切衆善根芽
루나천능장일체중선근아

如良沃田在一一座衆會不
여양옥전재일일좌중회부

同所說法門亦各差別或見
동소설법문역각차별혹견

處座淨居天衆所共圍遶大
처좌정거천중소공위요대

自在天子而爲上首此比丘
자재천자이위상수차비구

尼爲說法門名無盡解脫或
니위설법문명무진해탈혹

見處座諸梵天衆所共圍遶
견처좌제범천중소공위요

愛樂梵王而爲上首此比丘
애락범왕이위상수차비구

尼爲說法門名普門差別淸
니위설법문명보문차별청

淨言音輪成見處座他化自
정언음륜성견처좌타화자

在天天子天女所共圍遶自
재천천자천녀소공위요선

在天王而爲上首此比丘尼
화천왕이위상수차비구니

率 솔	陀 타	切 체	首 수	所 소	見 견	爲 위
天 천	天 천	法 법	此 차	共 공	處 처	說 설
王 왕	天 천	善 선	比 비	圍 위	座 좌	法 법
而 이	子 자	莊 장	丘 구	遶 요	善 선	門 문
爲 위	天 천	嚴 엄	尼 니	善 선	變 변	名 명
上 상	女 녀	或 혹	爲 위	化 화	化 화	菩 보
首 수	所 소	見 견	說 설	天 천	天 천	薩 살
此 차	共 공	處 처	法 법	王 왕	天 천	淸 청
比 비	圍 위	座 좌	門 문	而 이	子 자	淨 정
丘 구	遶 요	兜 도	名 명	爲 위	天 천	心 심
尼 니	兜 도	率 솔	一 일	上 상	女 녀	或 혹

爲 위	天 천	嚴 엄	比 비	圍 위	座 좌	爲 위
上 상	女 녀	或 혹	丘 구	遶 요	須 수	說 설
首 수	所 소	見 견	尼 니	夜 야	夜 야	法 법
此 차	共 공	處 처	爲 위	摩 마	摩 마	門 문
比 비	圍 위	座 좌	說 설	天 천	天 천	名 명
丘 구	遶 요	三 삼	法 법	王 왕	天 천	心 심
尼 니	釋 석	十 십	門 문	而 이	子 자	藏
爲 위	提 제	三 삼	名 명	爲 위	天 천	旋 선
說 설	桓 환	天 천	無 무	上 상	女 녀	或 혹
法 법	因 인	天 천	邊 변	首 수	所 소	見 견
門 문	而 이	子 자	莊 장	此 차	共 공	處 처

사경의 공덕은 십만억 부처님께 공양한 것과 같은 공덕이 있습니다.

사경의 공덕은 십만억 부처님께 공양한 것과 같은 공덕이 있습니다.

嚴或見處座諸夜叉衆所共
圍遶毘沙門天王而爲上首
此比丘尼爲說法門名救護
衆生藏或見處座乾闥婆衆
所共圍遶持國乾闥婆王而
爲上首此比丘尼爲說法門
名無盡喜或見處座阿脩羅

有 유	比 비	捷 첩	見 견	門 문	而 이	衆 중
海 해	丘 구	持 지	處 처	名 명	爲 위	所 소
或 혹	尼 니	迦 가	座 좌	速 속	上 상	共 공
見 견	爲 위	樓 루	迦 가	疾 질	首 수	圍 위
處 처	說 설	羅 라	樓 루	莊 장	此 차	遶 요
座 좌	法 법	王 왕	羅 라	嚴 엄	比 비	羅 라
緊 긴	門 문	而 이	衆 중	法 법	丘 구	睺 후
那 나	名 명	爲 위	所 소	界 계	尼 니	阿 아
羅 라	怖 포	上 상	共 공	智 지	爲 위	脩 수
衆 중	動 동	首 수	圍 위	門 문	說 설	羅 라
所 소	諸 제	此 차	遶 요	或 혹	法 법	王 왕

사경의 공덕은 십만억 부처님께 공양한 것과 같은 공덕이 있습니다.

見 견	爲 위	羅 라	伽 가	佛 불	上 상	共 공
處 처	說 설	伽 가	衆 중	行 행	首 수	圍 위
座 좌	法 법	王 왕	所 소	光 광	此 차	遶 요
無 무	門 문	而 이	共 공	明 명	比 비	大 대
量 량	名 명	爲 위	圍 위	或 혹	丘 구	樹 수
百 백	生 생	上 상	遶 요	見 견	尼 니	緊 긴
千 천	佛 불	首 수	菴 암	處 처	爲 위	那 나
男 남	歡 환	此 차	羅 라	座 좌	說 설	羅 라
子 자	喜 희	比 비	林 림	摩 마	法 법	王 왕
女 여	心 심	丘 구	摩 마	睺 후	門 문	而 이
人 인	或 혹	尼 니	睺 후	羅 라	名 명	爲 위

사경의 공덕은 십만억 부처님께 공양한 것과 같은 공덕이 있습니다.

所 소	或 혹	尼 니	樹 수	刹 찰	門 문	所 소
共 공	見 견	爲 위	羅 라	衆 중	名 명	共 공
圍 위	處 처	說 설	刹 찰	所 소	殊 수	圍 위
遶 요	座 좌	法 법	王 왕	共 공	勝 승	遶 요
此 차	信 신	門 문	而 이	圍 위	行 행	此 차
比 비	樂 락	名 명	爲 위	遶 요	或 혹	比 비
丘 구	聲 성	發 발	上 상	常 상	見 견	丘 구
尼 니	聞 문	生 생	首 수	奪 탈	處 처	尼 니
爲 위	乘 승	悲 비	此 차	精 정	座 좌	爲 위
說 설	衆 중	愍 민	比 비	氣 기	諸 제	說 설
法 법	生 생	心 심	丘 구	大 대	羅 라	法 법

門名勝智光明或見處座信
문명승지광명혹견처좌신

樂緣覺乘衆生所共圍遶此
락연각승중생소공위요차

比丘尼爲說法門名佛功德
비구니위설법문명불공덕

廣大光明或見處座信樂大
광대광명혹견처좌신락대

乘衆生所共圍遶此比丘尼
승중생소공위요차비구니

爲說法門名普門三昧智光
위설법문명보문삼매지광

明門或見處座初發心諸菩
명문혹견처좌초발심제보

사경의 공덕은 십만억 부처님께 공양한 것과 같은 공덕이 있습니다.

薩所共圍遶此比丘尼爲說
살소공위요차비구니위설
法門名一切佛願聚或見處
법문명일체불원취혹견처
座第二地諸菩薩所共圍遶
좌제이지제보살소공위요
此比丘尼爲說法門名離垢
차비구니위설법문명이구
輪或見處座第三地諸菩薩
륜혹견처좌제삼지제보살
所共圍遶此比丘尼爲說法
소공위요차비구니위설법
門名寂靜莊嚴或見處座第
문명적정장엄혹견처좌제

四地諸菩薩所共圍遶此比(사지제보살소공위요차비)
丘尼爲說法門名生一切智(구니위설법문명생일체지)
境界或見處座第五地諸菩(경계혹견처좌제오지제보)
薩所共圍遶此比丘尼爲說(살소공위요차비구니위설)
法門名妙華藏或見處座第(법문명묘화장혹견처좌제)
六地諸菩薩所共圍遶此比(육지제보살소공위요차비)
丘尼爲說法門名毘盧遮那(구니위설법문명비로자나)

薩 살	界 계	丘 구	八 팔	門 문	所 소	藏 장
所 소	身 신	尼 니	地 지	名 명	共 공	或 혹
共 공	或 혹	爲 위	諸 제	普 보	圍 위	見 견
圍 위	見 견	說 설	菩 보	莊 장	遶 요	處 처
遶 요	處 처	法 법	薩 살	嚴 엄	此 차	座 좌
此 차	座 좌	門 문	所 소	地 지	比 비	第 제
比 비	第 제	名 명	共 공	或 혹	丘 구	七 칠
丘 구	九 구	偏 변	圍 위	見 견	尼 니	地 지
尼 니	地 지	法 법	遶 요	處 처	爲 위	諸 제
爲 위	諸 제	界 계	此 차	座 좌	說 설	菩 보
說 설	菩 보	境 경	比 비	第 제	法 법	薩 살

法법 門문 名명 無무 所소 得득 力력 莊장 嚴엄 或혹 見견

處처 座좌 第제 十십 地지 諸제 菩보 薩살 所소 共공 圍위

遶요 此차 比비 丘구 尼니 爲위 說설 法법 門문 名명 無무

礙애 輪륜 或혹 見견 處처 座좌 執집 金금 剛강 神신 所소

共공 圍위 遶요 此차 比비 丘구 尼니 爲위 說설 法법 門문

名명 金금 剛강 智지 那나 羅라 延연 莊장 嚴엄 善선 財재

童동 子자 見견 如여 是시 等등 一일 切체 諸제 趣취 所소

사경의 공덕은 십만억 부처님께 공양한 것과 같은 공덕이 있습니다.

有衆生已成熟者已調伏者
유중생이성숙자이조복자

堪爲法器皆入此園各於座
감위법기개입차원각어좌

下圍遶而坐師子頻申比丘
하위요이좌사자빈신비구

尼隨其欲解勝劣差別而爲
니수기욕해승열차별이위

說法令於阿耨多羅三藐三
설법령어아뇩다라삼약삼

菩提得不退轉何以故此比
보리득불퇴전하이고차비

丘尼入普眼捨得般若波羅
구니입보안사득반야바라

사경의 공덕은 십만억 부처님께 공양한 것과 같은 공덕이 있습니다.

蜜(밀) 門(문) 說(설) 一(일) 切(체) 佛(불) 法(법) 般(반) 若(야) 波(바) 羅(라)
蜜(밀) 門(문) 法(법) 界(계) 差(창) 別(별) 般(반) 若(야) 波(바) 羅(라) 蜜(밀)
門(문) 散(산) 壞(괴) 一(일) 切(체) 障(장) 礙(애) 輪(륜) 般(반) 若(야) 波(바)
羅(라) 蜜(밀) 門(문) 生(생) 一(일) 切(체) 衆(중) 生(생) 善(선) 心(심) 般(반)
若(야) 波(바) 羅(라) 蜜(밀) 門(문) 殊(수) 勝(승) 莊(장) 嚴(엄) 般(반) 若(야)
波(바) 羅(라) 蜜(밀) 門(문) 無(무) 礙(애) 眞(진) 實(실) 藏(장) 般(반) 若(야)
波(바) 羅(라) 蜜(밀) 門(문) 法(법) 界(계) 圓(원) 滿(만) 般(반) 若(야) 波(바)

사경의 공덕은 십만억 부처님께 공양한 것과 같은 공덕이 있습니다.

修習於阿耨多羅三藐三菩
수습어아뇩다라삼먁삼보

提得不退轉時善財童子見
리득불퇴전시선재동자견

師子頻申比丘尼如是園林
사자빈신비구니여시원림

如是床座如是衆會如是神
여시상좌여시중회여시신

力如是辯才復聞不可思議
력여시변재부문불가사의

法門廣大法雲潤澤其心便
법문광대법운윤택기심편

生是念我當右遶無量百千
생시념아당우요무량백천

匝時比丘尼放大光明普照
其園衆會莊嚴善財童子卽
自見身及園林中所有衆樹
皆悉右遶此比丘尼經於無
量百千萬匝圍遶畢已善財
童子合掌而住白言聖者我
已先發阿耨多羅三藐三菩

提心而未知菩薩云何學菩
리심이미지보살운하학보

薩行云何修菩薩道我聞聖
살행운하수보살도아문성

者善能誘誨願爲我說比丘
자선능유회원위아설비구

尼言善男子我得解脫名成
니언선남자아득해탈명성

就一切智善財言聖者何故
취일체지선재언성자하고

名爲成就一切智比丘尼言
명위성취일체지비구니언

善男子此智光明於一念中
선남자차지광명어일념중

사경의 공덕은 십만억 부처님께 공양한 것과 같은 공덕이 있습니다.

普照三世一切諸法善財白
보조삼세일체제법선재백

言聖者此智光明境界云何
언성자차지광명경계운하

比丘尼言善男子我入此智
비구니언선남자아입차지

光明門得出生一切法三昧
광명문득출생일체법삼매

王以此三昧故得意生身往
왕이차삼매고득의생신왕

十方一切世界兜率天宮一
시방일체세계도솔천궁일

生所繫菩薩所一一菩薩前
생소계보살소일일보살전

現현 不불 可가 說설 佛불 刹찰 微미 塵진 數수 身신 一일

一일 身신 作작 不불 可가 說설 佛불 刹찰 微미 塵진 數수

供공 養양 所소 謂위 現현 天천 王왕 身신 乃내 至지 人인

王왕 身신 執집 持지 華화 雲운 執집 持지 鬘만 雲운 燒소

香향 塗도 香향 及급 以이 末말 香향 衣의 服복 瓔영 珞락

幢당 幡번 繒증 蓋개 寶보 網망 寶보 帳장 寶보 藏장 寶보

燈등 如여 是시 一일 切체 諸제 莊장 嚴엄 具구 我아 皆개

執(집)持(지)而(이)以(이)供(공)養(양)如(여)於(어)住(주)兜(도)率(솔)
宮(궁)菩(보)薩(살)所(소)如(여)是(시)於(어)住(주)胎(태)出(출)胎(태)
在(재)家(가)出(출)家(가)往(왕)詣(예)道(도)場(량)成(성)等(등)正(정)
覺(각)轉(전)正(정)法(법)輪(륜)入(입)於(어)涅(열)槃(반)如(여)是(시)
中(중)間(간)或(혹)住(주)天(천)宮(궁)或(혹)住(주)龍(용)宮(궁)乃(내)
至(지)或(혹)復(부)住(주)於(어)人(인)宮(궁)於(어)彼(피)一(일)一(일)
諸(제)如(여)來(래)所(소)我(아)皆(개)如(여)是(시)而(이)爲(위)供(공)

사경의 공덕은 십만억 부처님께 공양한 것과 같은 공덕이 있습니다.

養(양)若(약)有(유)衆(중)生(생)知(지)我(아)如(여)是(시)供(공)養(양)
佛(불)者(자)皆(개)於(어)阿(아)耨(뇩)多(다)羅(라)三(삼)藐(막)三(삼)
菩(보)提(리)得(득)不(불)退(퇴)轉(전)若(약)有(유)衆(중)生(생)來(내)
至(지)我(아)所(소)我(아)卽(즉)爲(위)說(설)般(반)若(야)波(바)羅(라)
蜜(밀)善(선)男(남)子(자)我(아)見(견)一(일)切(체)衆(중)生(생)不(불)
分(분)別(별)衆(중)生(생)相(상)智(지)眼(안)明(명)見(견)故(고)聽(청)
一(일)切(체)語(어)言(언)不(불)分(분)別(별)語(어)言(언)相(상)心(심)

無所着故見一切如來不分
무소착고견일체여래불분

別如來相了達法身故住持
별여래상요달법신고주지

一切法輪不分別法輪相悟
일체법륜불분별법륜상오

法自性故一念徧知一切法
법자성고일념변지일체법

不分別諸法相知法如幻故
불분별제법상지법여환고

善男子我唯知此成就一切
선남자아유지차성취일체

智解脫如諸菩薩摩訶薩心
지해탈여제보살마하살심

사경의 공덕은 십만억 부처님께 공양한 것과 같은 공덕이 있습니다.

無分別普知諸法一身端坐
充滿法界於自身中現一切
刹一念悉詣一切佛所於自
身內普現一切諸佛神力一
毛徧擧不可言說諸佛世界
於其自身一毛孔中現不可
說世界成壞一念中與不

蜜 밀	名 명	一 일	功 공	諸 제	念 념	可 가
多 다	寶 보	國 국	德 덕	劫 겁	中 중	說 설
汝 여	莊 장	土 토	行 행	而 이	入 입	不 불
詣 예	嚴 엄	名 명	善 선	我 아	不 불	可 가
彼 피	中 중	曰 왈	男 남	云 운	可 가	說 설
問 문	有 유	險 험	子 자	何 하	說 설	衆 중
菩 보	女 여	難 난	於 어	能 능	不 불	生 생
薩 살	人 인	此 차	此 차	知 지	可 가	同 동
云 운	名 명	國 국	南 남	能 능	說 설	住 주
何 하	波 바	有 유	方 방	說 설	一 일	於 어
學 학	須 수	城 성	有 유	彼 피	切 체	一 일

菩薩行修菩薩道時善財童
보살행수보살도시선재동

子頂禮其足遶無數匝殷勤
자정례기족요무수잡은근

瞻仰辭退而去
첨앙사퇴이거

發 願 文

귀의 삼보하옵고

거룩하신 부처님께 발원하옵나이다.

주　소 : ____________________

전　화 : ____________ 불명 : ____________ 성명 : ____________

불기 25 ________ 년 ________ 월 ________ 일